3 오순도순 완두콩 가족

언제나 행복한 완두콩 가족이에요. 다섯 손가락을 차례로 찍어서 다양한
크기의 완두콩 가족을 만들고, 재미있는 표정을 그려 보세요.

4 달콤한 요리 시간

엄마와 함께 달콤한 간식을 만들어요. 내가 좋아하는 쿠키에 손가락을
찍어서 여러 가지 모양으로 예쁘게 장식해 보세요.

5 반짝반짝 작은 별

밤하늘에 별이 반짝반짝 밝게 빛나요. 손가락을 찍어서 반짝이는 별을,
손가락을 쭉 문질러서 떨어지는 별똥별을 만들어 보세요.

6 울퉁불퉁 빨판

오징어와 문어의 다리에는 울퉁불퉁한 빨판이 있어서 미끄러지지 않아요.
연필 뒷부분에 물감을 묻히고 찍어서 빨판을 만들어 보세요.

참 잘했어요

오리기

7 차례차례 신 나는 버스

정류장에 줄을 서서 버스를 기다려요. 버스가 빨리 출발할 수 있도록
선을 따라 동그란 바퀴를 오려 알맞은 자리에 붙여 보세요.

뒷장에서 사용하는 부분입니다.

8 쌩쌩 신 나는 버스

친구들이 모두 버스에 탔어요. 버스가 빨리 달릴 수 있도록 선을 따라
동그란 바퀴를 오려 알맞은 자리에 붙여 보세요.

참 잘했어요

뒷장에서 사용하는 부분입니다.

9 향기로운 꽃밭

향긋한 꽃향기를 따라 벌과 나비들이 꽃밭으로 모였어요. 선을 따라
동그란 꽃을 오려 알맞은 자리에 붙여 보세요.

오리기

참 잘했어요

뒷장에서 사용하는 부분입니다.

오리기

10 꼬물꼬물 달팽이

달팽이들이 모여 정답게 이야기를 나누고 있어요. 선을 따라 동글동글
달팽이 집을 오려 알맞은 자리에 붙여 보세요.

뒷장에서 사용하는 부분입니다.

11 동글동글 막대사탕

달콤한 사탕은 내가 제일 좋아하는 간식이에요. 선을 따라 동그란 사탕을
오려 예쁜 쟁반 위 알맞은 자리에 붙여 보세요.

참 잘했어요

뒷장에서 사용하는 부분입니다.

오리기

12 폭신폭신 솜사탕

입 안에서 사르르 녹는 달콤한 솜사탕이에요. 선을 따라 동그랗고 길쭉한
솜사탕을 오려 친구들이 맛있게 먹도록 알맞은 자리에 붙여 보세요.

뒷장에서 사용하는 부분입니다.

13 냠냠 맛있는 도시락

소풍날 가져갈 도시락을 준비하고 있어요. 선을 따라 여러 가지 모양의
음식을 오려 알맞은 자리에 붙여 보세요.

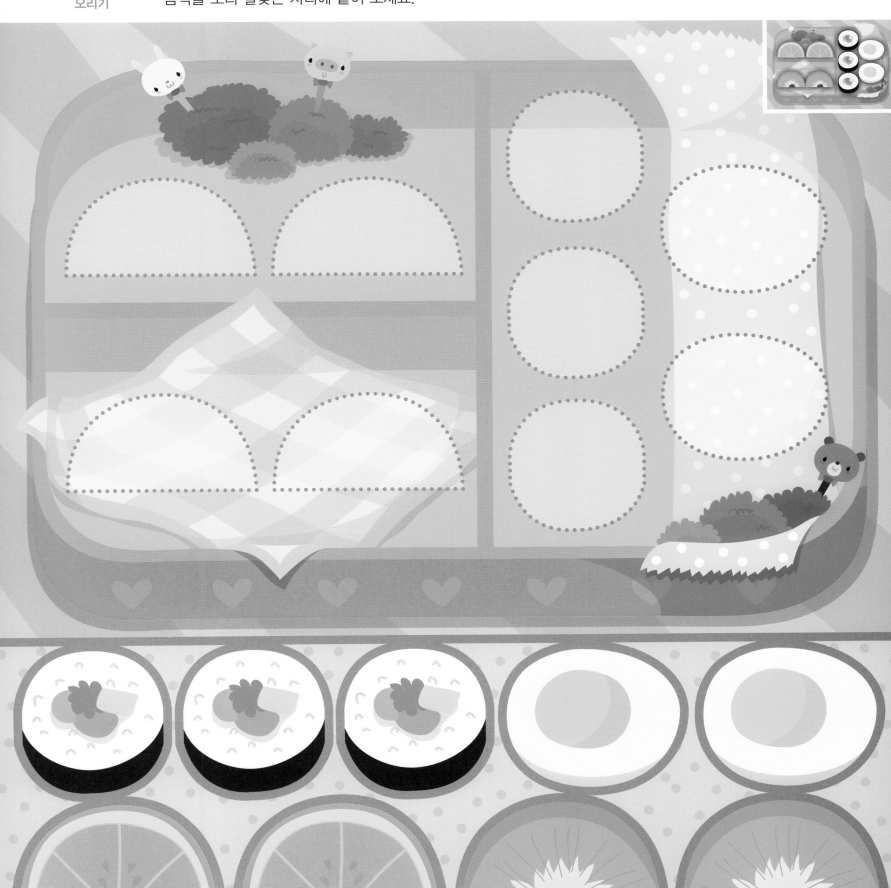

먹고 싶은 음식을 도시락에 그려 보아요.

14 주룩주룩 시원한 비

비 오는 날, 친구들이 알록달록 우산을 쓰고 모였어요. 선을 따라
둥근 우산을 오려 알맞은 자리에 붙여 보세요.

오리기

뒷장에서 사용하는 부분입니다.

15 쨍쨍 뜨거운 해님

햇빛이 너무 뜨거운 날, 귀여운 양산을 쓰고 햇빛을 가려요. 선을 따라
둥근 양산을 오려 알맞은 자리에 붙여 보세요.

뒷장에서 사용하는 부분입니다.

16 높이높이 계단

나무 위에 사는 다람쥐의 집으로 생쥐 친구들이 놀러 왔어요. 선을 따라
요리조리 계단을 오려 알맞은 자리에 붙여 보세요.

오리기

참 잘했어요

뒷장에서 사용하는 부분입니다.

17 흔들흔들 다리

시냇물 건너에 사는 생쥐의 집으로 다람쥐가 놀러 왔어요. 선을 따라
길쭉한 다리를 오려 알맞은 자리에 붙여 보세요.

뒷장에서 사용하는 부분입니다.

18 에헴, 임금님 왕관

임금님이 번쩍번쩍 빛나는 왕관을 쓰고 있어요. 선을 따라 세상에서
가장 멋진 왕관을 오려 알맞은 자리에 붙여 보세요.

뒷장에서 사용하는 부분입니다.

오리기

19 호호, 왕비님 왕관

아름다운 왕비님께 어울리는 반짝반짝 빛나는 왕관이에요. 선을 따라
세상에서 가장 예쁜 왕관을 오려 알맞은 자리에 붙여 보세요.

참 잘했어요

뒷장에서 사용하는 부분입니다.

20 깨끗한 내 옷

쓱싹쓱싹 목욕을 하고 깨끗한 옷으로 갈아입어요. 선을 따라 귀여운 옷을
오려 친구가 입을 수 있도록 알맞은 자리에 붙여 보세요.

참 잘했어요

뒷장에서 사용하는 부분입니다.

21 예쁜 내 옷

알록달록 새 옷을 사러 가게에 왔어요. 선을 따라 원피스를 오려
친구가 예쁘게 입을 수 있도록 알맞은 자리에 붙여 보세요.

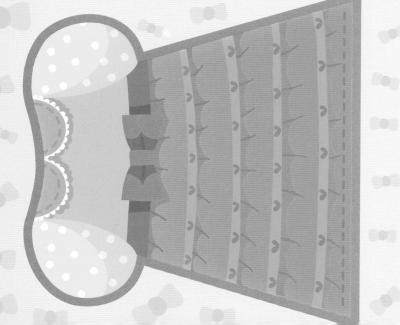

뒷장에서 사용하는 부분입니다.

22 오독오독 맛있는 밤

잘 익은 밤을 바구니에 가득 모아 맛있는 간식을 만들어요. 크고 작은 밤을
예쁘게 접고 바구니 안의 빈 자리에 붙여 보세요.

접기

 접는 방법

1 윗부분을 안으로 접어 내려요.

2 네 모서리를 밖으로 접어서 밤을 만들어요.

3 같은 방법으로 크고 작은 밤을 세 개 만들어요.

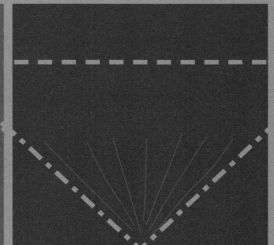

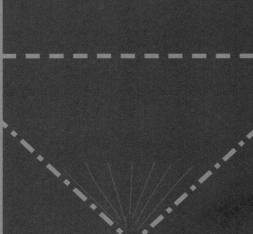

다람쥐가 모아 놓은 밤을 그려 보아요.

23 윙윙 신기한 믹서

달콤한 사과와 당근을 윙윙 갈아서 맛있는 주스를 만들어요. 사과와 당근을
예쁘게 접어서 믹서 안의 빈 자리에 붙여 보세요.

접기

접는 방법

1 양쪽을 밖으로 접어요.

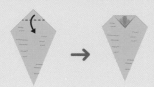

2 꼭지를 안으로 접어 내려 당근을 만들어요.

3 네 모서리를 밖으로 접어요.

4 꼭지를 안으로 접어 내려 사과를 만들어요.

 주스로 만들고 싶은 과일을 그려 보아요.

접기

24 살랑살랑 바닷물고기

바닷속을 살랑살랑 헤엄치는 물고기와 하늘하늘 물풀을 만들어요.
물고기와 물풀을 예쁘게 접어서 파란 바다에 붙여 보세요.

접는 방법

1 사선으로 접어요.

2 양쪽을 밖으로 접어 물고기를 만들어요.

3 밖으로 반을 접어요.

4 밖으로, 안으로 비스듬히 접어 물풀을 만들어요.

바다에 사는 예쁜 물고기를 그려 보아요.

접기

25 쭉쭉 시원한 주스

목이 마른 친구들이 시원하게 마실 수 있는 주스를 만들어요. 주스와
빨대를 예쁘게 접어서 친구들이 앉아 있는 식탁 위에 붙여 보세요.

참 잘했어요

접는
방법

1 윗부분을 안으로 접어 내려요.

2 양쪽을 밖으로 접어 주스를 만들어요.

3 밖으로 반을 접어요.

4 비스듬히 접어 빨대를 만들어요.

5 주스 컵에 빨대를 붙여서 완성해요.

참 잘했어요

마시고 싶은 주스를 그려 보아요.

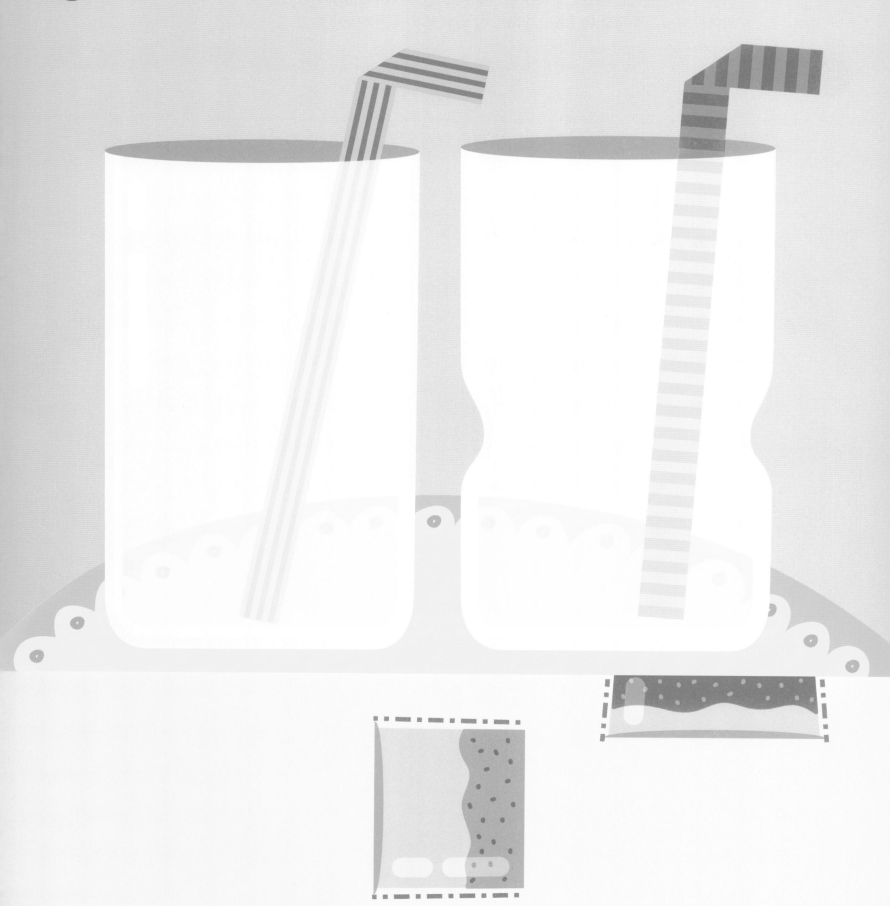

접기

26 멍멍 귀여운 강아지

나를 보면 반갑다고 꼬리를 흔들며 달려오는 재롱둥이 강아지예요.
강아지의 얼굴과 몸을 예쁘게 접어서 폭신한 쿠션 위에 붙여 보세요.

접는
방법

1 사선으로 접어요.

2 양쪽 귀를 안으로 접어 내려 강아지 얼굴을 만들어요.

3 꼬리를 밖으로 접어 몸을 만들어요.

4 몸과 얼굴을 붙여서
강아지를 만들어요.

기르고 싶은 애완동물을 그려 보아요.

접기

27 흔들흔들 춤추는 아가씨

무대 위에서 아가씨가 신 나게 춤을 추고 있어요. 선을 따라 안팎으로
접으며 흔들흔들 춤추는 아가씨의 모습을 살펴보세요.

참 잘했어요

☆

접는
방법

1 밖으로 반을 접어요.

2 양쪽을 안으로 접어요.

3 안팎으로 접어
요리조리 움직여요.

28 쿨쿨 행복한 꿈

째근째근 잠이 든 친구들과 함께 꿈속 세상으로 떠나요. 종이를 접고
순서대로 펼쳐 보면서 나만의 이야기를 만들어 보세요.

접기

1 반을 접은 뒤, 양쪽을 안으로 접어요.

2 가운데를 안으로 접어요.

3 순서대로 펼쳐 보며 나만의 이야기를 만들어요.

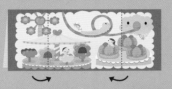

29 랄랄라 소풍 바구니

화창한 날, 바구니 안에 맛있는 음식을 가득 담고 소풍을 떠나요.
바구니를 만들고, 안쪽에 스티커를 붙여서 음식을 담아 보세요.

만드는
방법

1 가위로 오리는 선을 따라 오려요.

2 점선을 따라 접고 풀로 붙여서 바구니를
만들어요.

3 손잡이를 바구니에 붙여요.

4 바구니에 음식 스티커를 붙여요.

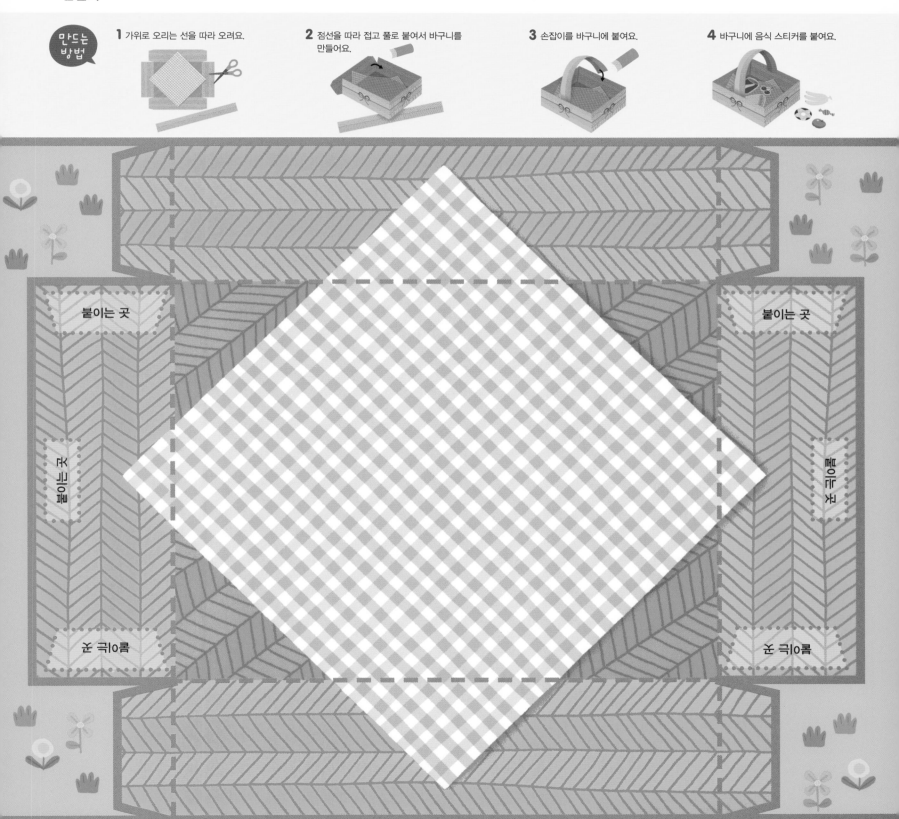

붙이는 곳

붙이는 곳

붙이는 곳

붙이는 곳

풀칠하는 곳

풀칠하는 곳

만들기

30 뒤뚱뒤뚱 펭귄

다리가 짧은 펭귄 아저씨는 언제나 뒤뚱뒤뚱 우스꽝스럽게 걸어요.
귀여운 펭귄 아저씨를 만들고 뒤뚱뒤뚱 흉내 내 보세요.

만드는 방법

1 가위로 오리는 선을 따라 오려요.

2 몸통을 둥글게 말아서 풀로 붙여요.

3 팔과 다리를 풀로 붙여 펭귄을 만들고 놀이해요.

붙이는 곳

붙이는 곳

붙이는 곳

풀칠

풀칠

풀칠

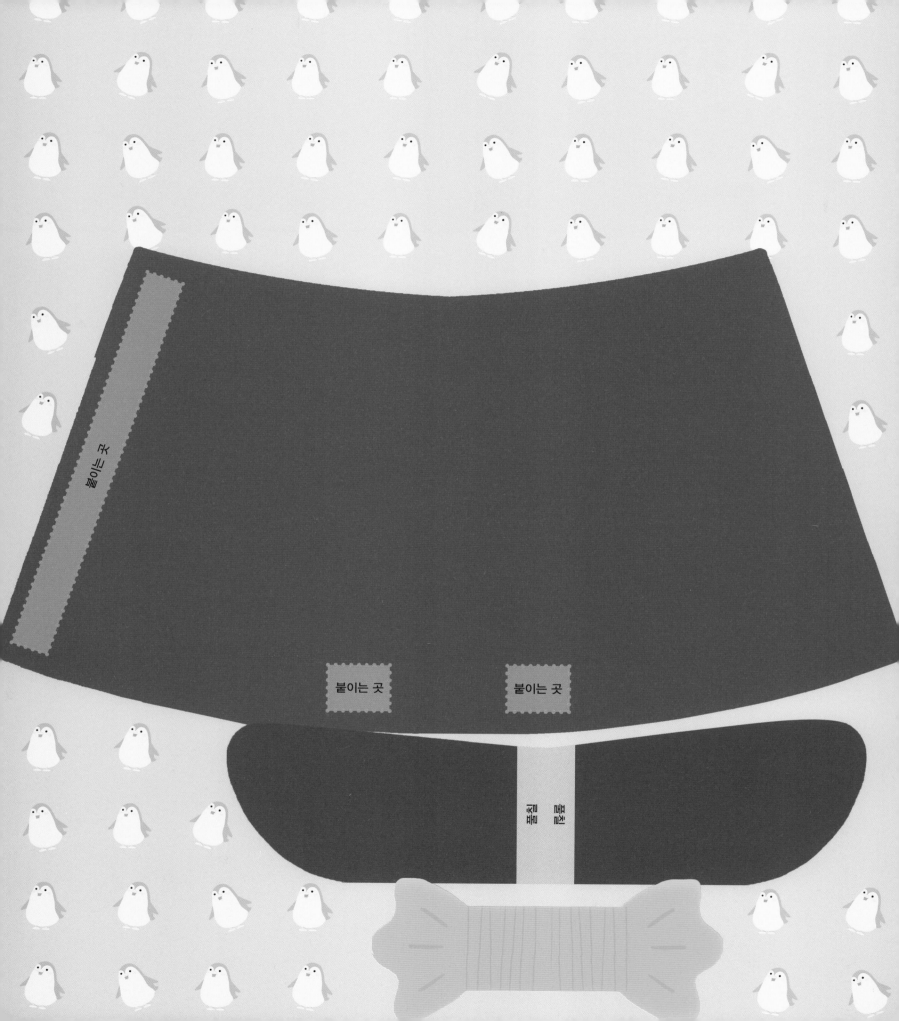

31 째깍째깍 손목시계

즐겁게 놀이하고 있는 지금은 몇 시일까요? 엉금엉금 거북이 시계와
방긋 웃는 해바라기 시계를 만들어 손목에 차 보세요.

만들기

만드는 방법

1 가위로 오리는 선을 따라 오려요.

2 시계에 시계 장식을 붙여요.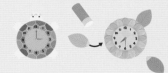

3 시계와 시계 끈을 이어 붙여요.

4 시계를 손목 둘레에 맞추고 위아래로 끼워 연결해요.

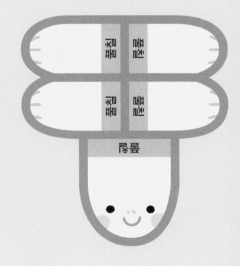

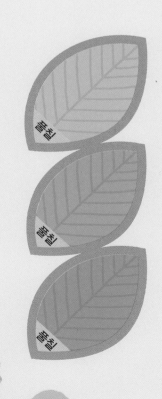

붙이는 곳

붙이는 곳

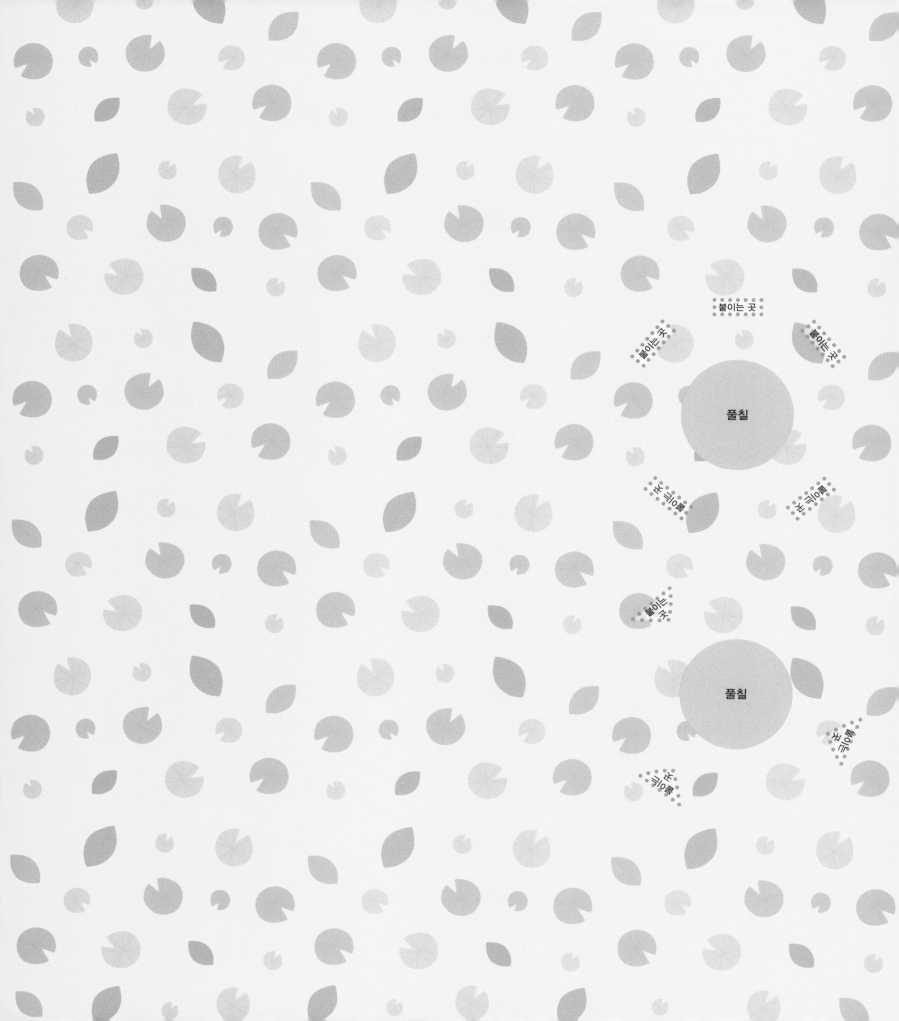

붙이는 곳

붙이는 곳

붙이는 곳

풀칠

붙이는 곳

붙이는 곳

붙이는 곳

풀칠

붙이는 곳

붙이는 곳

32 오르락내리락 케이블카

케이블카를 타면 산꼭대기까지 휭 단숨에 올라가요. 동물들이 옹기종기
타고 있는 케이블카를 만들어서 위아래로 오르락내리락 움직여 보세요.

만드는
방법

1 가위로 오리는 선을 따라 오려요.

2 접는 선을 따라 접어요.

3 풀칠을 해서 양쪽 끝을 붙여요.

4 실을 끼우고 왔다 갔다 움직이며 놀이해요.

27

풀칠

붙이는 곳

33 폴짝폴짝 개구리

개구리 두 마리가 폴짝폴짝 높이뛰기 시합을 해요. 개구리를 만들고
두 마리의 개구리 중 누가 더 높이 뛰는지 경주해 보세요.

만들기

만드는 방법

1 가위로 오리는 선을 따라 오려요.

2 점선을 따라 접고 끝 부분을 풀로 붙여요.

3 개구리에게 눈과 발을 붙여요.

4 개구리의 뒤쪽을 손가락으로 누르며 놀이해요.

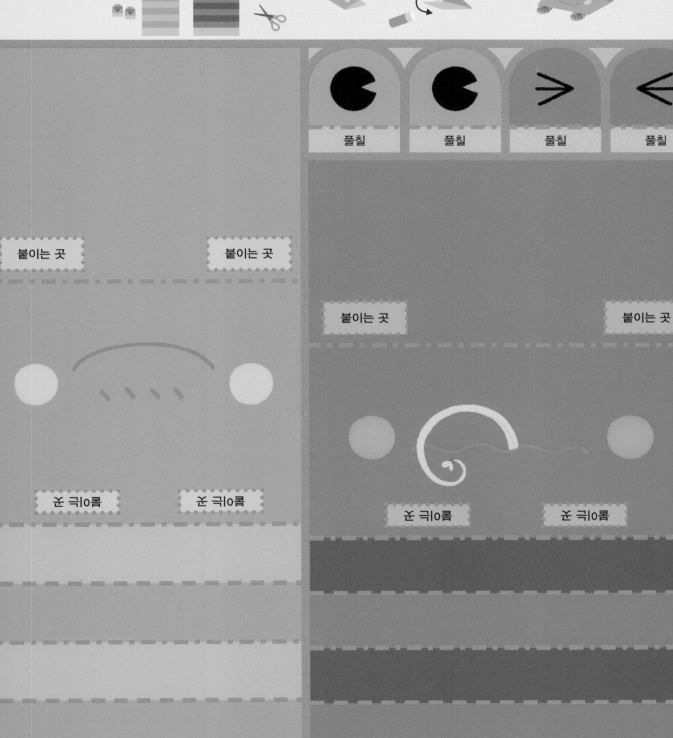

풀칠 풀칠 풀칠 풀칠 풀칠 풀칠

풀칠 풀칠

붙이는 곳 붙이는 곳

붙이는 곳 붙이는 곳

콩이큰 눈 콩이큰 눈

콩이큰 눈 콩이큰 눈

풀칠 풀칠

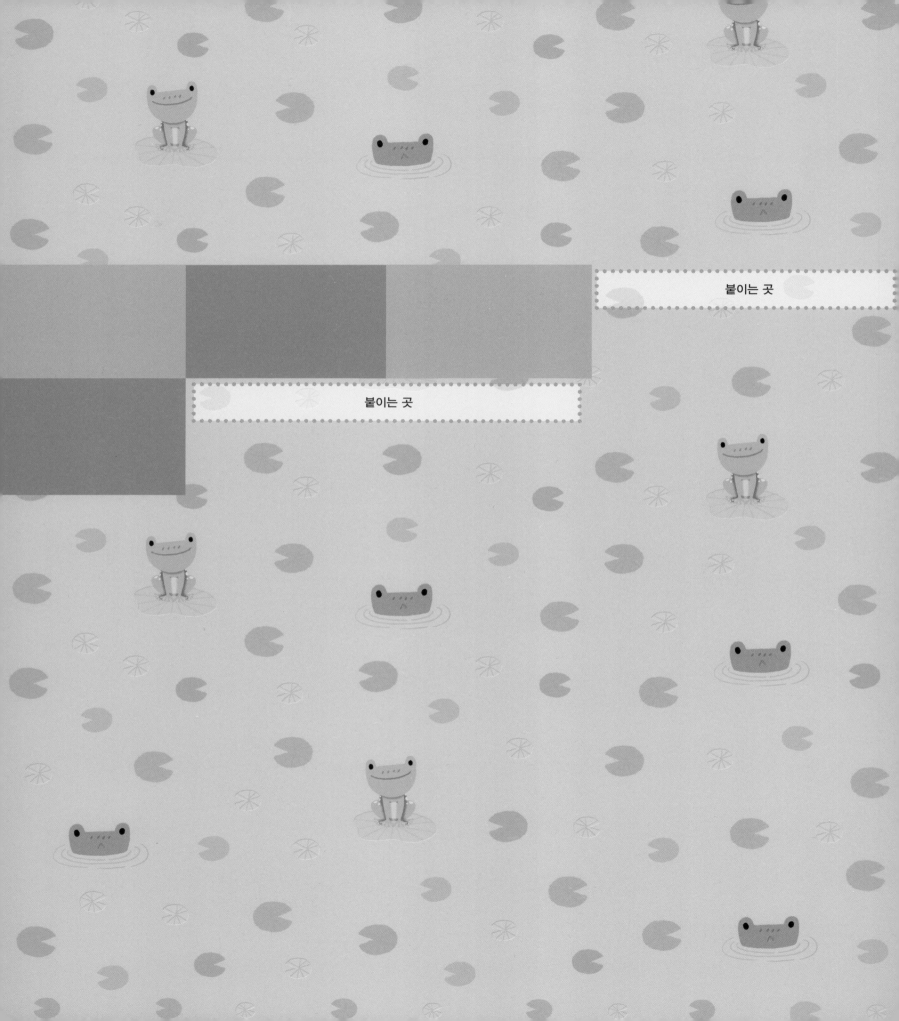

붙이는 곳

붙이는 곳

34 까딱까딱 손가락 인형

손가락에 인형을 끼우고 까딱까딱 하면 인형이 귀엽게 움직여요. 친구와
손가락에 인형을 나눠 끼우고 재미있게 놀이해 보세요.

만들기

참 잘했어요

 만드는 방법

1 가위로 오리는 선을 따라 오려요.

2 아래에서 위로
손가락을 끼워 넣어요.

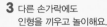

3 다른 손가락에도
인형을 끼우고 놀이해요.

35 대롱대롱 알림판 1

똑똑! 방에 들어올 때에는 노크를 해 주세요. 대롱대롱 알림판에
뒷장의 그림 카드를 끼워, 지금 무엇을 하고 있는지 표시해 보세요.

만들기

1 가위로 오리는 선을 따라 오려요.

2 손잡이를 접은 뒤 알림판에 붙여요.

3 알림판에 그림 카드를 끼우고 문에 걸어요.

붙이는 곳

붙이는 곳

36 대롱대롱 알림판 2

오늘도 온종일 바쁜 시간을 보내고 있어요. 재미있는 놀이도 하고,
책도 읽어요. 그림 카드를 오려 앞 장에 있는 알림판에 끼워 보세요.

참 잘했어요

쿨쿨, 잠자는 시간

까르르, 놀이 시간

쉿, 책 읽는 시간

냠냠, 간식 시간

37 동글동글 재미난 안경

콧수염이 달린 아저씨 안경과 꽃무늬가 가득한 아가씨 안경을 만들어요.
재미있는 안경을 쓰고 어울리는 목소리로 말해 보세요.

만드는 방법

1 가위로 오리는 선을 따라 오려요.

2 양쪽 눈 부분을 떼어 내요.

3 안경의 양쪽에 안경다리를 이어 붙여요.

4 선을 따라 접은 다음 안경을 쓰고 놀이해요.

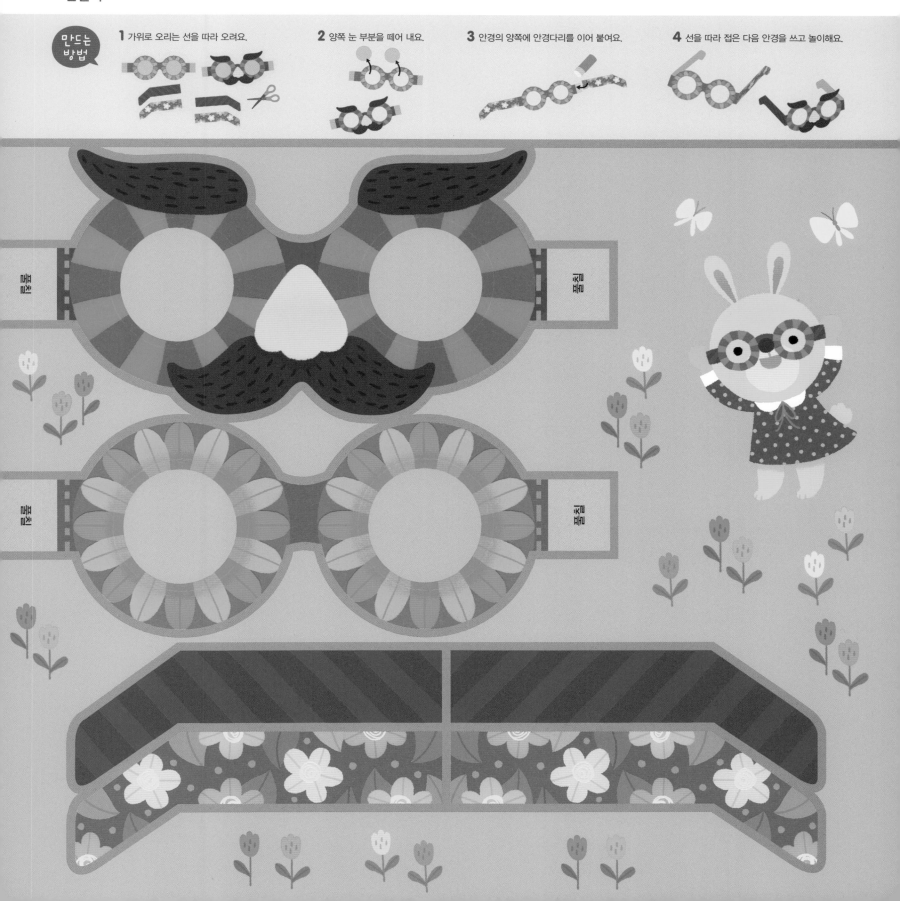

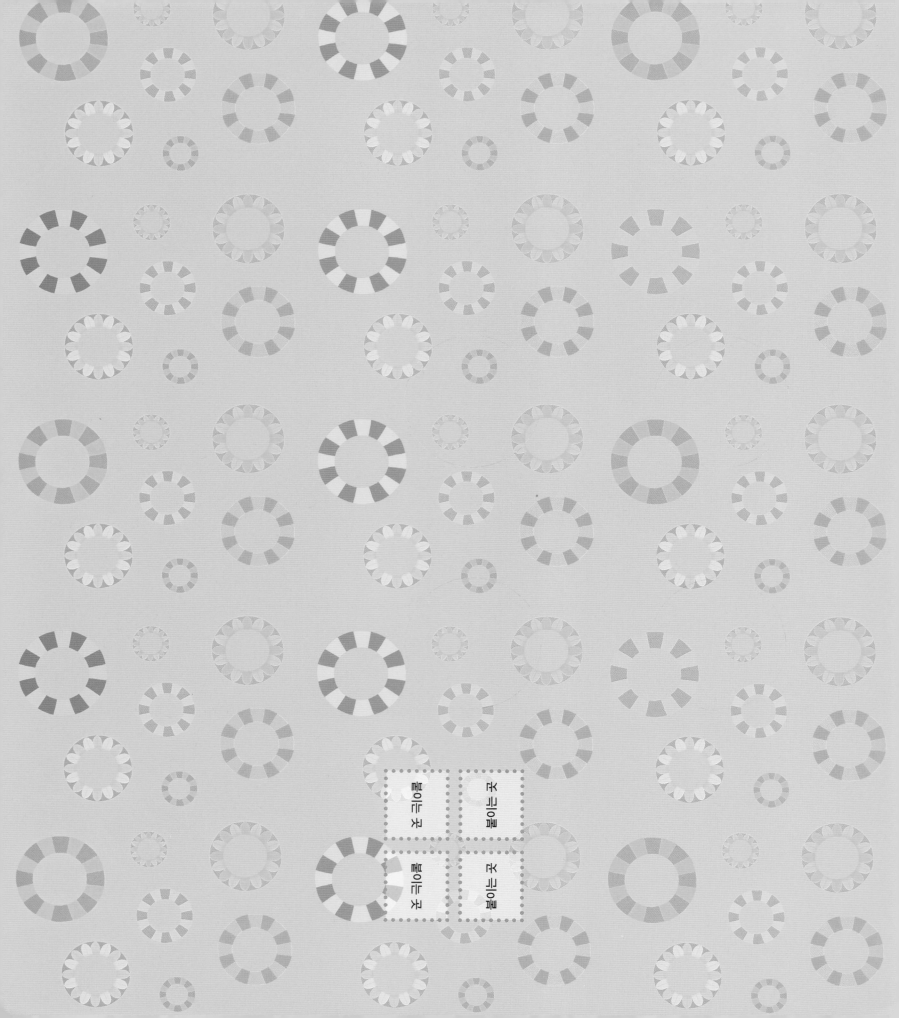

38 붕붕 꼬마 벌

귀여운 꼬마 벌이 달콤한 꿀이 가득한 꽃을 찾고 있어요. 꽃을 찾아서
붕붕 날아다니는 귀여운 벌을 만들어 보세요.

참 잘했어요

만드는 방법

1 가위로 오리는 선을 따라 오려요.

2 점선을 따라 몸통과 날개를 접어요.

3 몸통에 날개를 끼워요.

4 벌의 얼굴에 더듬이를 풀로 붙여요.

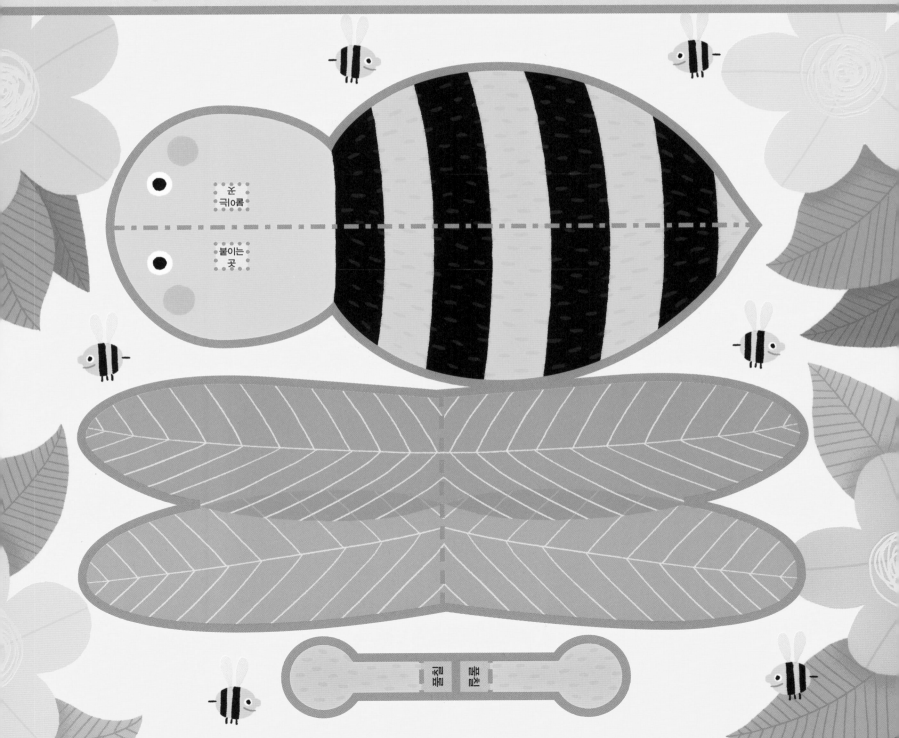

39 까꿍! 캥거루 카드

엄마 캥거루의 주머니에는 무엇이 들어 있을까요? 캥거루 카드를 만들고
사랑하는 엄마께 하고 싶은 말을 적어 선물해 보세요.

참 잘했어요

만드는
방법

1 가위로 오리는 선을 따라 오려요.

2 캥거루의 팔을 붙이고 주머니를 안으로 접어요.

3 분홍 종이를 안팎으로 접은 뒤 아기 캥거루와
연결하고, 카드에 붙여요.

4 카드를 쓰고 양쪽 손을 끼워 닫아요.

붙이는 곳

붙이는 곳

만들기

40 꿀꺽! 맛있는 과자 집

동화책에 나오는 과자 집을 만들어요. 과자 집을 만들고 내가 좋아하는
과자 스티커를 잔뜩 붙여서 맛있게 꾸며 보세요.

만드는 방법

1 가위로 오리는 선을 따라 오려요.

2 접는 선을 따라 접고 풀로 붙여 집을 만들어요.

3 과자 스티커를 붙여 과자로 만든 집을 꾸며요.

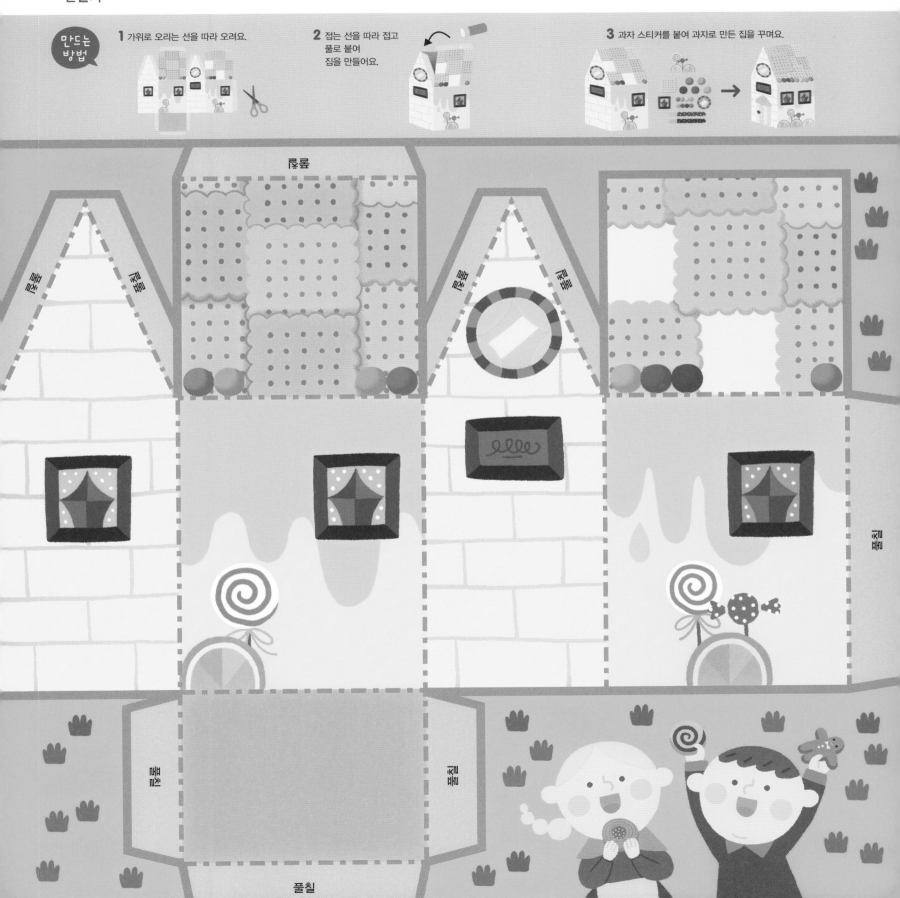

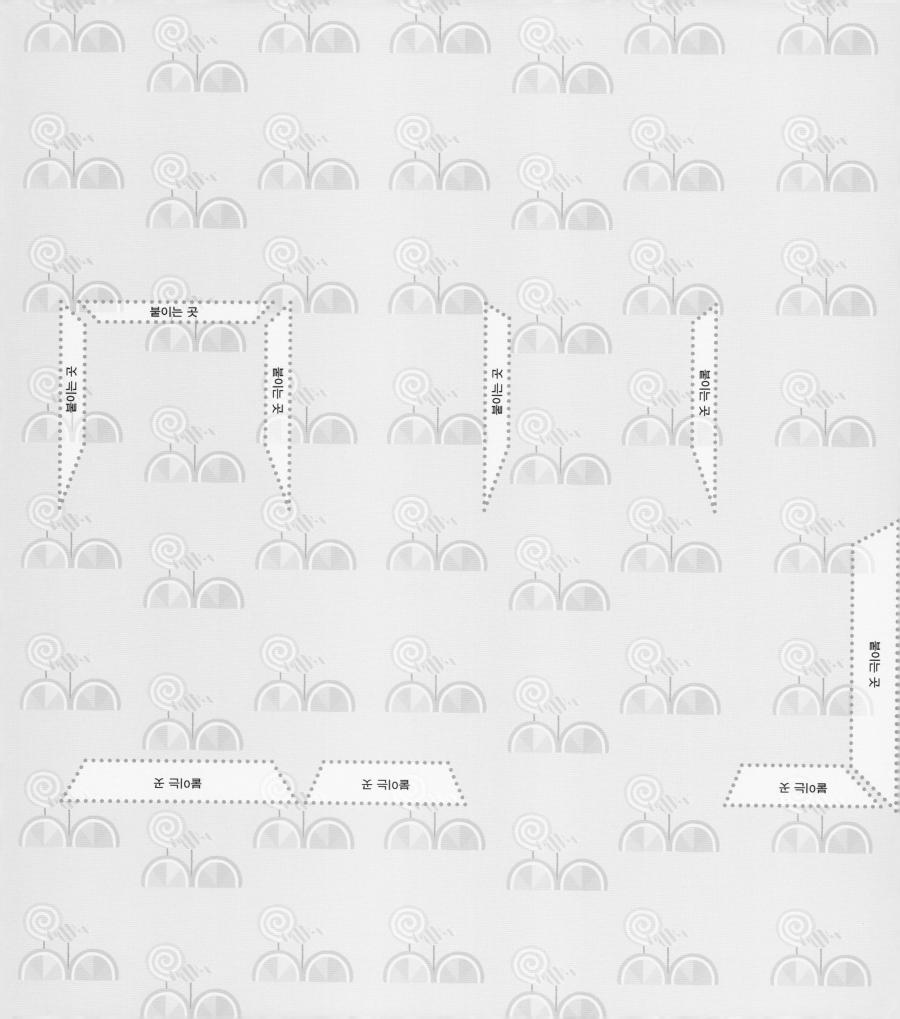

붙이는 곳

붙이는 곳

붙이는 곳

붙이는 곳

붙이는 곳

붙이는 곳

붙이는 곳

붙이는 곳

붙이는 곳

41 옹기종기 우리 마을 1

우리 마을의 구석구석을 관찰해요. 그림판에 그려진 그림을 잘 살펴보고
뒷장의 건물을 알맞은 자리에 붙여 보세요.

만들기

만드는 방법

1 가위로 오리는 선을 따라 오려요.

2 점선을 따라 접어요.

3 건물에 풀칠을 해서 번호에 맞게 붙여요.

4 사람, 자동차의 아래쪽을 붙여서 세운 뒤 움직이며 놀이해요.

붙이는 곳 2-2

붙이는 곳 2-1

붙이는 곳 5-2

붙이는 곳 5-1

붙이는 곳 7-2

붙이는 곳 7-1

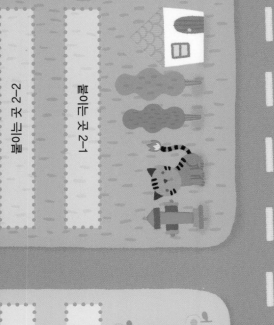

붙이는 곳 1-2

붙이는 곳 1-1

붙이는 곳 4-2

붙이는 곳 4-1

붙이는 곳 6-2

붙이는 곳 6-1

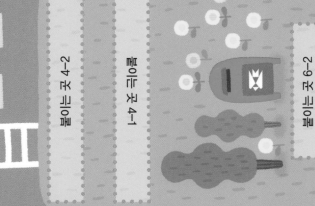

붙이는 곳 3-1

붙이는 곳 3-2